Energía en acción

Suzanne Barchers

Asesora

Michelle Alfonsi
Ingeniera, Southern California
Aerospace Industry

Créditos de imágenes: Portada y pág.1 iStock,
págs.5–6 Blend Images/Alamy; págs.18–19 caia
image/Alamy; pág.24 mauritius images GmbH/
Alamy; págs.26–27 YAY Media AS/Alamy; págs.6–9,
20 (ilustraciones) Tim Bradley; págs. 13 (medio
superior),15, 16–17 (superior), 22 (izquierda), 23
Lexa Hoang; pág.14 Deanne Fitzmaurice; págs.2–3,
6–7, 9 (fondo), 10, 12–13 (fondo), 20–21 (fondo), 22,
25, 30–31 iStock; págs.28–29 (ilustración) Janelle
Bell-Martin; pág.13 (derecha superior, derecha
inferior) SPL/Science Source; pág.11 (izquierda)
Andrew Syred/Science Source; pág.11 (derecha)
Steve Gschmeissner/Science Source; todas las
demás imágenes cortesía de Shutterstock.

Teacher Created Materials
5301 Oceanus Drive
Huntington Beach, CA 92649-1030
http://www.tcmpub.com
ISBN 978-1-4258-4681-7

Contenido

¡Siente el poder! 4

Almacenar energía 10

Transferencia de energía 16

El flujo de la energía 26

Piensa como un científico 28

Glosario 30

Índice 31

¡Tu turno! 32

¡Siente el poder!

¡Riiiing! ¿Cómo te sientes cuando es hora de levantarse? ¿Te levantas de la cama de un salto? ¿Te sientes energizado y listo para comenzar el día? Si es así, entonces estás lleno de energía. Al menos, es una forma de pensar en la energía. Es la forma en la que piensan muchas personas.

Pero los científicos deben ser muy precisos con sus palabras. Únicamente usan la palabra *energía* para describir la capacidad de mover o cambiar algo. Este tipo de energía no es algo que puedas ver o sostener en las manos. Pero puedes ver lo que hace. Puedes comprobar que la energía está trabajando por lo que hace. ¡Y hace mucho!

La energía existe de muchas formas. Los alimentos tienen energía. El sol, las plantas, las baterías y muchas cosas más tienen energía. Pero sin importar la forma que tenga, ¡la energía hace que sucedan las cosas!

La energía no se puede crear ni destruir. Pensándolo bien, es bastante asombroso. Significa que el universo tiene la misma cantidad de energía que tenía hace 13,800 millones de años, cuando todo comenzó.

La energía existe en dos formas: energía potencial y energía cinética. Está constantemente cambiando entre estas dos formas. Puedes estudiar la energía de una estrella o la energía de un tazón de sopa. De cualquier manera, debes hacer dos preguntas sobre el objeto que estás estudiando. ¿Dónde está? ¿Se está moviendo?

Una pelota en movimiento choca con una pelota inmóvil.

La energía que está dentro de las estrellas evita que colapsen en sí mismas.

La pelota amarilla le transfiere su energía a la pelota roja.

La pelota amarilla ahora está quieta y la pelota roja está en movimiento.

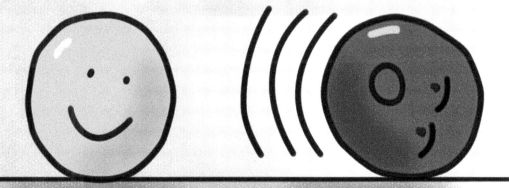

La energía potencial está relacionada con la **posición** de un objeto. Piensa en lo tensa que se siente una banda elástica cuando la estiras. Sabes que si la sueltas, saldrá volando. Tiene el potencial de estar activa. Pero hasta que la sueltas, la energía que tiene está almacenada. Esta energía almacenada se llama *energía potencial*.

Transformación de la energía potencial en energía cinética

Tanto la energía potencial como la energía cinética se encuentran en objetos oscilantes. En la parte superior de su trayectoria, el objeto tiene energía potencial. Mientras oscila hacia arriba y hacia abajo, tiene energía cinética. Cuando llega nuevamente a la parte superior, la energía cinética se convierte nuevamente en energía potencial. ¡Sí!

toda energía potencial

toda energía potencial

Cantidad de energía

toda energía cinética

— energía potencial
- - energía cinética

Tiempo

La energía cinética se encuentra en todo lugar donde haya movimiento. Cuando sueltas la banda elástica, la energía potencial se transforma en energía cinética. ¡Fiuuuuu! ¡La banda elástica sale volando! Los automóviles, las bicicletas y los molinos todos tienen energía cinética cuando se mueven.

Almacenar energía

No puedes tensar una banda elástica para siempre. ¡Se te cansarían los brazos! Y no podemos usar bandas elásticas para darle energía a nuestra vida. Tenemos que poder convertir la energía potencial, como la que encontramos en la banda elástica estirada, en energía cinética. Luego, podremos almacenarla y utilizarla cuando la necesitemos. Para hacerlo, debemos conocer qué es lo que crea esta energía cinética.

Todo lo que existe en el mundo está hecho de materia. Y toda la materia está compuesta de **átomos**. Los **protones** se encuentran en el centro de los átomos. Tienen una carga positiva. El centro del átomo se llama *núcleo*. Los **electrones** rodean al núcleo. Tienen una carga negativa. Los protones y los electrones son opuestos. Y los opuestos se atraen. Como resultado, los protones evitan que los electrones se dispersen.

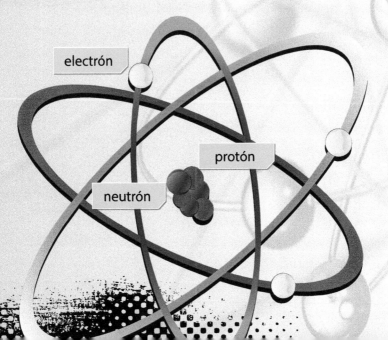

electrón

protón

neutrón

Macro y micro

Los átomos, las moléculas y las bacterias son microscópicos. Los objetos microscópicos son cosas demasiado pequeñas para ver con los ojos. Los objetos macroscópicos son las cosas que podemos ver con los ojos. Tanto los objetos macroscópicos como los microscópicos pueden tener energía cinética.

Los ácaros de las pestañas son organismos microscópicos que viven en los folículos pilosos.

En la mayoría de los casos, el núcleo también tiene **neutrones**. No son ni positivos ni negativos. Son neutros. En otras palabras, están equilibrados y no tienen carga. Se encuentran con los protones en el centro del átomo.

Los átomos se combinan para crear **moléculas**. Las moléculas se deslizan, flotan, rebotan y se combinan para formar todo lo que existe a nuestro alrededor. Y eso significa que todo tiene energía. Es la energía de los átomos y las moléculas en movimiento. Están siempre girando, vibrando, estirándose y doblándose.

Energía química

Así como la banda elástica estirada tiene energía almacenada, las moléculas tienen energía almacenada en los **enlaces** entre sus átomos. A esto se le llama energía química. Cuando se rompen esos enlaces, se libera energía. Entonces, pueden formarse nuevas moléculas con nuevos enlaces.

La energía química se utiliza con muchos fines. Los alimentos proporcionan energía química a las personas. Cuando comemos, el cuerpo usa la energía química que está almacenada en los alimentos. Las baterías usan la energía química para crear electricidad. Las plantas usan la luz solar para romper los enlaces del dióxido de carbono y el agua para crear energía. Todas las sustancias químicas tienen la capacidad de liberar energía.

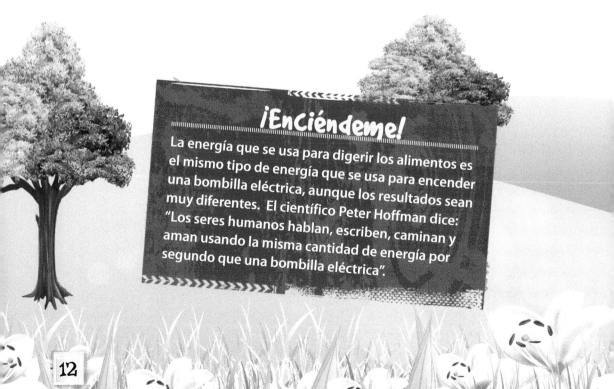

¡Enciéndeme!

La energía que se usa para digerir los alimentos es el mismo tipo de energía que se usa para encender una bombilla eléctrica, aunque los resultados sean muy diferentes. El científico Peter Hoffman dice: "Los seres humanos hablan, escriben, caminan y aman usando la misma cantidad de energía por segundo que una bombilla eléctrica".

dióxido de carbono

agua

azúcar

Fotosíntesis

Durante la fotosíntesis, las plantas absorben dióxido de carbono del aire y el agua del suelo. La luz solar rompe los enlaces de las moléculas. Los átomos se reacomodan para crear azúcar. La planta la usa como energía.

Energía nuclear

La energía nuclear es otro tipo de energía almacenada. Está bien almacenada en el núcleo del átomo. Existen dos maneras de liberar esta energía. Una forma es a través de la fusión. La fusión combina átomos para crear nuevos átomos. El sol usa la fusión para crear energía lumínica y energía térmica, o calor. La otra forma es a través de la fisión. La fisión divide los átomos en átomos más pequeños. Cada vez que un átomo se divide, libera energía. Esto desencadena una reacción en cadena. Cuando se crean átomos pequeños, se requiere menos energía para mantenerlos unidos. Entonces se libera calor y luz. Los reactores nucleares de las plantas de energía nuclear producen electricidad a través de la fisión.

Energía Mental

Taylor Wilson tenía 12 años de edad cuando decidió fabricar una estrella en un frasco. A los 14 años de edad, había construido un reactor de fusión nuclear en la cochera de sus padres. Usó el reactor para estudiar la fusión que ocurre dentro del sol.

CAUTION
RAW URANIUM ORE

RADIATION AREA

Fusión

Dentro del sol, los átomos de hidrógeno se combinan para formar el helio.

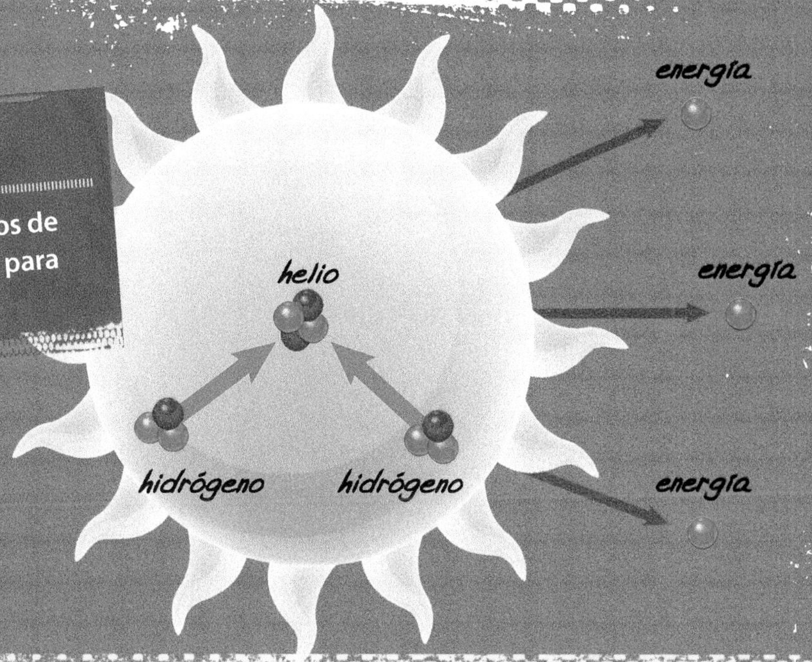

energía

energía

energía

helio

hidrógeno   hidrógeno

Fisión

La fisión es similar al inicio de un juego de billar. Se utiliza un neutrón para romper el átomo grande en átomos más pequeños.

energía

átomo

neutrón

Transferencia de energía

Con frecuencia, la energía se transfiere entre los objetos. Piensa en dos objetos que chocan o colisionan entre sí. Por ejemplo, cuando una pelota choca contra otra pelota, la energía se transfiere de una a la otra. Pero no es como si una pelota le pasara a la otra toda su energía. Entonces, ¿cómo funciona?

Ola de Calor

La energía puede transferirse en forma de calor de tres maneras: convección, radiación y conducción.

La convección transfiere la energía dentro de un líquido o un gas.

Calor

La energía puede transferirse de dos maneras. El calor es una de esas maneras. Todos sabemos cómo se siente el calor. Cuando algo se calienta, los átomos se mueven más velozmente. Saltan y se mueven como locos.

La energía se transfiere entre los objetos cuando uno está más caliente que el otro. El calor fluye desde las áreas calientes hacia las áreas más frías. Se usa la temperatura para medir esta energía cinética. Una temperatura elevada significa que hay mucha energía cinética. Una temperatura baja significa que hay menos energía cinética. Sensacional, ¿no te parece?

La conducción transfiere la energía entre objetos sólidos que se tocan.

puntos de contacto

La radiación transfiere la energía entre objetos que no se tocan.

Luz

¡Mejor ponte las gafas de sol! La luz es otra forma en la que se transfiere la energía. Es una forma de energía radiante, que produce calor. La vemos cuando encendemos las lámparas y cuando salimos al aire libre. El sol es la principal fuente de luz de nuestro planeta. Las plantas dependen de la luz solar para crecer. Pero la luz es más de lo que podemos ver.

Una bombilla eléctrica emite ondas de luz. La luz puede parecer blanca, pero dentro de ese haz de luz hay un arco iris de colores. Cada color tiene una **longitud de onda** diferente. Cuando la luz impacta algo, el objeto absorbe, o incorpora, algunos colores y refleja, o rebota, otros. El color que se refleja es el color que vemos. Las cosas verdes, como las hojas, absorben todo excepto las longitudes de onda verdes. Los objetos negros absorben todas las longitudes de onda de luz. Los objetos que reflejan todos los colores se ven blancos.

Un espectro de ondas

El espectro electromagnético es la variedad total de ondas electromagnéticas. Incluye ondas de radio, que tienen frecuencias bajas y longitudes de onda largas, y rayos gamma, que tienen frecuencias altas y longitudes de onda cortas.

¡La luz viaja más velozmente que todo lo que existe en el universo!

rayos gamma

rayos x

ultravioleta

luz visible

infrarrojo

microondas

ondas de radio

Trabajo

La energía también puede transferirse en la forma de **trabajo**. Como ocurre con *calor*, la palabra *trabajo* tiene un significado diferente en ciencia. No significa "lo que hacen tus padres para ganar dinero". Más bien, *trabajo* hace referencia al movimiento de átomos, moléculas y objetos más grandes. El trabajo mueve las cosas de un lugar al otro.

Generalmente, las personas piensan en el trabajo que se realiza de formas que podemos ver. Empujar un hipopótamo cuesta arriba por una colina requiere mucho esfuerzo. Los científicos lo llaman "trabajo", al igual que todos los demás. El trabajo se realiza cuando una fuerza actúa para mover un objeto.

Matemáticas avanzadas

Los científicos estudiaron mucho para encontrar la conexión entre el trabajo y el calor. Comprobaron que el trabajo puede convertirse en calor. Pero las matemáticas dicen que el calor no puede convertirse totalmente en trabajo.

¿Cuál es la diferencia entre el calor y el trabajo? Ambos transfieren energía, pero en el trabajo, la energía se transfiere de forma más ordenada. Es como si los átomos estuvieran alineados como soldados, marchando de un lugar al otro. Por el contrario, el calor surge cuando los átomos se mueven al azar.

Energía eléctrica

El mundo moderno está lleno de energía eléctrica. No es algo que podamos ver, pero es lo que hace funcionar nuestros videojuegos, teléfonos y más. La energía eléctrica es el flujo de electrones por todo el mundo. Se puede utilizar para transferir energía en luz. O se puede transferir en energía mecánica. Las herramientas como los taladros eléctricos transfieren la electricidad en energía mecánica. Cuando la electricidad enciende un taladro eléctrico, las partes del taladro se mueven. Cuando la fuerza del cabezal giratorio del taladro se usa para perforar un agujero, se hace el trabajo.

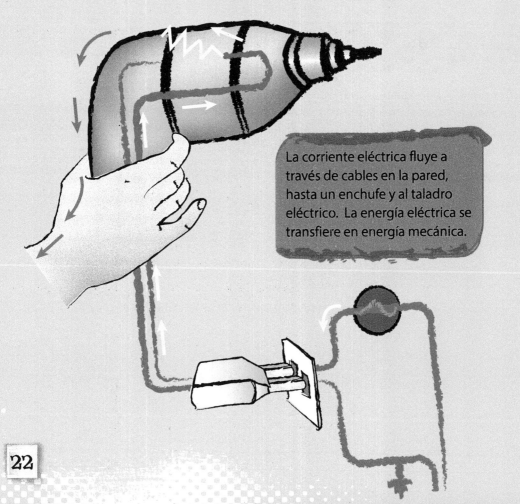

La corriente eléctrica fluye a través de cables en la pared, hasta un enchufe y al taladro eléctrico. La energía eléctrica se transfiere en energía mecánica.

La electricidad es la energía que producen los electrones en movimiento. Un átomo neutral tiene la misma cantidad de protones y electrones. Pero los átomos ganan y pierden electrones. Esto hace que el átomo sea positivo o negativo. Los átomos buscan el equilibrio. Cuando tienen una carga positiva, atraen electrones. Cuando son negativos, los alejan. Primero, un átomo negativo se deshace de un electrón. Ese electrón perdido salta al átomo más cercano. El nuevo átomo se deshace de un electrón. El ciclo continúa una y otra vez. El resultado es un flujo de energía.

Siente el flujo

¿Quieres sentir una carga positiva? Camina sobre una alfombra con las medias puestas en un día seco y toca la perilla de una puerta. ¡Zas! Los electrones adicionales se transfieren a la perilla.

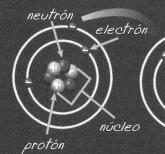

neutrón
electrón
núcleo
protón

Los electrones se mueven entre la alfombra y tus medias cuando caminas. Cuando tocas la perilla, los electrones adicionales se transfieren nuevamente.

Sonido

El sonido nos mantiene a salvo. Nos alerta del peligro. También puede ser muy hermoso. La música y las palabras amables nos alegran el corazón. Todo, desde un redoble de tambor grave hasta el agudo piar de un pájaro, son sonidos que oímos. Estos sonidos son una forma de energía cinética. El sonido es el movimiento de las **vibraciones** a través de la materia. El sonido es otra forma de trabajo.

Las ondas sonoras hacen vibrar las moléculas. Da palmadas. El impacto de tus manos hace que las moléculas de aire se muevan en ondas. Esas moléculas de aire sacuden las moléculas que están junto a ellas. Y esas moléculas sacuden más moléculas hasta que la onda llega al oído y escuchas las palmadas. La frecuencia de las ondas determina si el sonido es agudo o grave. Cuanta más energía tenga la onda sonora, más fuerte sonará.

Toda la materia vibra de alguna forma. Así que todo tiene su propia frecuencia natural. Esta es la velocidad a la que vibrará si una onda sonora la impacta. Si una persona canta en el mismo **tono** que la frecuencia natural del vidrio, el sonido hará vibrar las moléculas de aire alrededor del vidrio. Si el sonido es lo suficientemente alto, puede hacer que el vidrio vibre también. Y si el vidrio vibra demasiado, ¡se romperá!

¡Los científicos han utilizado poderosas ondas sonoras para hacer que los objetos floten!

Tono

El tono de un sonido es qué tan agudo o grave es ese sonido. Lo determina la frecuencia, que es la cantidad de veces que la onda se repite en un segundo.

Los sonidos con tono grave, como el tambor, tienen una frecuencia baja.

Los sonidos con tono agudo, como el canto de un pájaro, tienen una frecuencia alta.

El flujo de la energía

La cantidad de energía en el universo nunca cambia. La energía no se puede crear ni destruir. Pero la energía cambia constantemente de una forma a otra. La energía potencial se convierte en energía cinética. La energía eléctrica se puede convertir en energía mecánica. La energía química se puede convertir en energía térmica. En realidad, todo es energía. Es lo que enciende nuestro mundo.

Piensa como un científico

¿Cuánta energía potencial tiene una resortera? ¡Experimenta y averígualo!

Qué conseguir

- 2 bandas elásticas grandes
- 2 bandas elásticas pequeñas y finas
- 2 lápices
- 2 malvaviscos grandes
- 4 tubos de papel higiénico
- cinta adhesiva
- cinta de medir
- perforadora
- tijeras

Qué hacer

1 Corta un tubo de papel higiénico por la mitad. Enróllalo bien y pégalo de nuevo. Con la perforadora, haz dos orificios en los extremos opuestos del tubo. Pasa el lápiz por los orificios.

2 Haz dos cortes pequeños en el extremo del otro tubo de papel higiénico (del ancho de un dedo). Repite en el lado opuesto del mismo extremo.

3 Inserta una banda elástica grande en cada conjunto de cortes. Pega las bandas elásticas en su lugar.

4 Desliza el primer tubo dentro del segundo. Engancha las bandas elásticas alrededor de cada extremo del lápiz.

5 Repite los pasos uno a cuatro para hacer una resortera con las bandas elásticas pequeñas.

6 Carga un malvavisco en la parte superior de cada resortera. Dispara los malvaviscos. Mide qué tan lejos llega cada uno. ¿Qué resortera tiene más energía potencial y energía cinética? ¿Por qué?

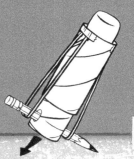

Glosario

átomos: pequeñas partículas que componen toda la materia

electrones: partículas que tienen carga negativa y que se mueven alrededor del núcleo de los átomos

enlaces: fuerzas que mantienen unidos a los átomos en las moléculas

longitud de onda: la distancia entre dos picos de la misma onda

moléculas: la cantidad más pequeña posible de una sustancia determinada que tiene todas las características de esa sustancia

neutrones: partículas que tienen cargas neutrales y que son parte del núcleo de los átomos

posición: el lugar donde se encuentra algo en relación con otras cosas

protones: partículas que tienen cargas positivas y que son parte del núcleo de los átomos

tono: la cualidad de un sonido, si es agudo o grave

trabajo: la transferencia de energía ocasionada cuando una fuerza mueve un objeto

vibraciones: movimientos rápidos de las partículas, hacia delante y hacia atrás

Índice

átomos, 10–15, 17, 20–21, 23

conducción, 16–17

convección, 16

electricidad, 12, 14, 22–23

energía cinética, 6, 8–11, 17, 24, 26, 29

energía eléctrica, 22, 26

energía mecánica, 22, 26

energía potencial, 6, 8–10, 26, 28–29

energía química, 12, 26

fisión, 14–15

fusión, 14–15

longitud de onda, 18–19

moléculas, 11–13, 20, 24

ondas sonoras, 24

radiación, 16–17

trabajo, 20–22, 24

¡Tu turno!

Observaciones sobre la energía

Encuentra un lugar donde sentarte dentro de la casa. Observa los tipos de energía que están en acción a tu alrededor. Registra tus observaciones. Luego, encuentra un lugar seguro donde sentarte afuera. Observa los tipos de energía que están en acción a tu alrededor. Registra tus observaciones. Compara y contrasta la energía que observaste.